ПРИНЦИП ПАРЕТО ДЛЯ УПРАВЛЕНИЯ БИЗНЕСОМ

ПРИНЦИП ПАРЕТО ДЛЯ УПРАВЛЕНИЯ БИЗНЕСОМ

КЛЮЧЕВАЯ ИНФОРМАЦИЯ

- **Названия:** принцип Парето, правило Парето, закон Парето, правило 80/20, закон жизненно важных немногих.

- Используется:

  - Экономика: управление бизнесом (управление качеством, управление клиентами, управление производством, управление запасами, управление персоналом и т.д.), создание коммерческих и маркетинговых стратегий и т.д.

  - Физика, социология и статистика.

  - Личная сфера: управление временем, организация задач и т.д.

- **Почему она успешна?** Согласно принципу Парето, "80% следствий являются результатом 20% причин". Это соотношение позволяет быстро определить существенную часть любой деятельности. Эта модель встречается во многих областях повседневной жизни и в мире бизнеса: например, когда предприятие хочет определить клиентов, приносящих наибольший доход. Если рассматривать соотношение 80/20, компания может сосредоточиться

ПРИНЦИП ПАРЕТО ДЛЯ УПРАВЛЕНИЯ БИЗНЕСОМ

Расширяйте свой бизнес с помощью правила 80/20

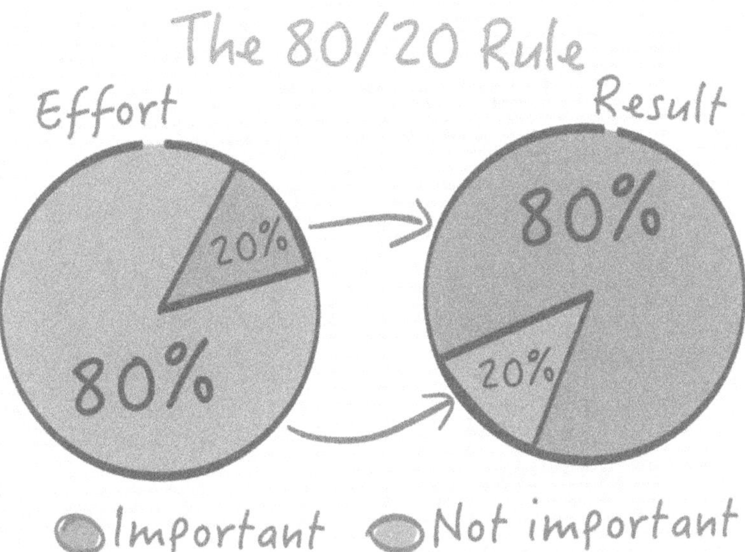

ПРИНЦИП ПАРЕТО ДЛЯ УПРАВЛЕНИЯ БИЗНЕСОМ

Расширяйте свой бизнес с помощью правила 80/20

написанный Antoine Delers
в переводе Nastia Abramov

на 20% клиентов, которые приносят 80% ее оборота, чтобы попытаться удержать их.

- **Ключевые слова:** Вильфредо Парето, принцип Парето, правило 80/20, ABC-анализ, оборот, Джозеф Джуран, управление временем, отношения с клиентами, маркетинг взаимоотношений, CRM, диаграмма Парето, теория длинного хвоста, эффективность по Парето.

ВВЕДЕНИЕ

История

Принцип Парето — это инструмент анализа и принятия решений, созданный Вильфредо Парето (1848-1923) в конце XIX века (точнее, в 1897 году). Итальянский экономист и социолог, учившийся в Туринском политехническом университете в Италии, считается основателем того, что сегодня известно как принцип Парето. Изучая богатство своей страны, он обнаружил, что только 20% людей владеют 80% всего богатства. Затем он применил этот закон к другим государствам, таким как Россия, Франция и Швейцария, и обнаружил те же результаты.

Однако только в 1940-х годах Джозеф Джуран (1904-2008), американский инженер, работавший в области управления качеством, признал теорию 80/20 и приписал ее Вильфредо Парето.

Определение модели

Принцип Парето исходит из наблюдения, что 20% причин ответственны за 80% следствий. Другими словами, в мире бизнеса 20% клиентов отвечают за 80% оборота. Определив эти 20% (наиболее важных клиентов), компании могут уделять им больше внимания, чтобы сэкономить время и деньги. По словам Джозефа Джурана, принцип Парето может применяться универсально в сфере бизнеса и встречается во всех секторах общества. Вы даже можете использовать этот принцип в большинстве областей повседневной жизни. Однако мы увидим, что и в бизнесе, и в других сферах соотношение 80/20 не всегда соблюдается, но дает представление о реальности.

ТЕОРИЯ

ИСХОДНЫЙ КОНТЕКСТ

В 1940-х годах Джозеф Джуран заметил, что меньшинство неисправностей вызывает большинство проблем на производственной линии. Быстро поняв соотношение 80/20 (80% проблем вызваны 20% неисправностей), он приписал эту теорию Вильфредо Парето в начале [20] века. Джозеф Джуран в ходе своих исследований по управлению качеством показал, что причины можно разделить на две группы: жизненно важные (в данном случае 20% неисправностей) и второстепенные, составляющие остальные 80%. Выделив наиболее проблемные неисправности (те, которые вызывают 80% проблем), Джозеф Джуран смог сосредоточиться на них и значительно уменьшить количество проблем на производственной линии.

 ## Хорошо знать

Принцип Джозефа Джурана первоначально назывался "жизненно важные немногие и тривиальные многие". Несмотря на значительный вклад экономиста, концепцию обычно помнят как "принцип Парето", вероятно, потому, что это звучит лучше, чем название, данное Джозефом Джураном.

ПРИМЕНЕНИЕ В БИЗНЕСЕ

Сегодня принцип Парето имеет множество применений в бизнесе и в сферах персонального менеджмента и поиска эффективности. Применение в бизнесе в основном используется для управления клиентами и человеческими ресурсами. Например, 20% сотрудников производят 80% работы. Но его также используют в бизнес-стратегиях, зная, что 20% продукции приносят 80% прибыли. В этой книге мы подробно обсудим применение этого принципа в корпоративном секторе. В следующих пунктах в ясной и лаконичной форме представлены различные варианты использования принципа Парето, чтобы помочь вам понять его.

Принцип Парето как инструмент маркетинга взаимоотношений

Как мы уже говорили, одним из наиболее важных применений принципа Парето является управление клиентами компании. Многие исследования показывают, что 20% клиентов отвечают за 80% продаж. Эти клиенты являются наиболее важными для компании. Поэтому лучше сделать их лояльными клиентами, чтобы обеспечить максимальное удержание, особенно с помощью маркетинга взаимоотношений.

👁 ХОРОШО ЗНАТЬ

Маркетинг отношений – это инструмент, позволяющий создавать и поддерживать отношения между брендом и его клиентами путем предоставления подарков или скидок, приглашений или советов. Целью является развитие долгосрочных отношений с клиентами, поскольку затраты на удержание клиентов ниже по сравнению с затратами на привлечение новых клиентов.

Еще одно применение принципа Парето – управление взаимоотношениями с клиентами: 20% клиентов являются источником 80% жалоб. Если 20% клиентов, использованных в приведенном выше примере, совпадают с этими 20%, компании не составит труда удовлетворить их требования, поскольку она уже сфокусирована на их удержании. К сожалению, так бывает редко: 20% важных клиентов редко совпадают с 20%, ответственными за 80% жалоб. В этом случае компании сложнее четко определить каждую категорию клиентов и уделить им большую часть внимания. Затем компания должна определиться с приоритетом и выбрать между управлением доходами и жалобами (созданием удовлетворенности клиентов).

Принцип Парето как инструмент контроля качества

Второе применение, использованное Джозефом Джураном, – это контроль и управление качеством на производственной линии. Если 20% неисправностей вызывают 80% проблем, компания может сконцентрировать свои усилия на устранении данных неисправностей с целью повышения качества. Возможны и другие подобные применения:

- 20% времени на наладку машины могут решить 80% проблем;

- 20% производственной линии отвечают за 80% конечного продукта.

Другие варианты использования принципа Парето

- Инструмент персонального менеджмента: 20% работы дают 80% результатов.

- Инструмент управления рисками: 20% рисков вызывают 80% последствий.

- Инструмент управления логистикой: 20% товаров приносят 80% затрат на хранение.

- Инструмент управления запасами: 20% от общего количества товаров составляют 80% от общей стоимости запасов.

- Инструмент управления продажами: 20% продукции приносят 80% прибыли и т.д.

ЧТО, ЕСЛИ ПРАВИЛО ИСПОЛЬЗОВАЛОСЬ РЕГУЛЯРНО?

Что, если бы принцип Парето всегда использовался в бизнесе сегодня? Должны ли мы максимально приблизиться к соотношению 80/20, чтобы выжить?

Возьмем уже рассмотренный пример: компания, изучив свою клиентскую базу, обнаруживает, что только 10% ее клиентов отвечают за 90% ее оборота. Такая ситуация вызывает беспокойство, поскольку капитал ключевых клиентов невелик. Если компания потеряет хотя бы нескольких из них, ее доходы резко упадут. В этом случае отход от правила 80/20 может стать фатальным для компании. Есть два возможных решения:

- Либо компания решает заботиться о своих основных клиентах, чтобы удержать их, но это упрощенное решение не решает ее проблем, потому что ее будущее полностью зависит от этих клиентов;

- Или же, наряду с первым вариантом, компания решает удержать остальных клиентов, чтобы найти лучший баланс. На данном этапе интересно подумать о том, как удержать клиентов, чтобы вернуться к среднему соотношению, которое является более надежным.

Второй пример показывает, что отход от нормы не обязательно вреден для компании. Представьте себе ту же компанию, которая после изучения потребителей отмечает, что у нее нет основных клиентов, а 30% наиболее важных покупателей обеспечивают 70% ее оборота. Хотя компания близка к правилу 80/20 (но все еще не достигла равновесия по Парето), у нее меньше проблем, чем в предыдущем сценарии. Конечно, деятельность, вероятно, рассредоточена, но потеря некоторых клиентов не повлияет на ситуацию так сильно, как это было бы при соотношении 90/10, и не является причиной для беспокойства. Однако это может быть проблематично с точки зрения затрат на одного клиента, если количество клиентов больше: затраты на управление клиентами и коммуникации фактически выше. В этом случае восстановление баланса 80/20 приведет к будущему успеху.

Адаптация принципа Парето для достижения соотношения 80/20 не является самоцелью. Все зависит от деятельности компании и ее сектора. У компании-супермаркета, скорее всего, будет много мелких клиентов, что нормально для данного сектора, в то время как у производителя самолетов клиентов меньше, но они неизбежно крупнее. Поэтому сектор влияет на соотношение, используемое в принципе Парето, и оно не всегда должно быть 80/20.

Хорошо знать

Существуют различные типы делового общения с потребителями. Первый — массовый маркетинг для всех потребителей, считающихся "средними потребителями". Второй — маркетинг "один на один", направленный на каждого отдельного клиента и предлагающий индивидуальные продукты. Этот метод работы с клиентами, безусловно, более интересный, но и самый дорогой. Наконец, существуют и другие виды промежуточной коммуникации, такие как дифференцированный маркетинг, который нацелен на большую часть рынка, или концентрированный маркетинг, который фокусируется только на небольшой нише рынка.

ПРЕИМУЩЕСТВА ПРИНЦИПА ПАРЕТО

Существует бесчисленное множество преимуществ использования принципа Парето. Большинство из них уже упоминалось в предыдущих главах. Компания, которая знает свой коэффициент Парето для каждого отдела, может повысить свою эффективность, в частности, сделав следующее:

- Более эффективное управление рисками. Зная наиболее важные риски и те, которые легко исправить, компания может сосредоточиться на своей основной деятельности.

- Лучше знать своих потребителей. Компания может определить свою коммуникационную стратегию и нацелиться на самых важных потребителей. Важно знать характеристики 20% самых крупных потребителей, включая место, откуда они родом, их отрасль (в случае профессионалов) или их возраст и пол (в случае физических лиц). Благодаря этому можно создавать новые перспективы, соответствующие этим характеристикам. Целевые потребители похожи на лучших клиентов; у компании больше шансов довести их от стадии перспективных до стадии потребителей.

- Ограничение расходов. В производственной линии знание того, какие точки потребляют больше всего энергии, но имеют наименьшую производительность, может позволить компании адаптировать, удалить или модифицировать наиболее дорогостоящие элементы.

- Ограничение потерь времени. Зная, какие виды деятельности являются наиболее продуктивными, менеджер может сосредоточиться на них, чтобы повысить эффективность работы.

ОГРАНИЧЕНИЯ И РАСШИРЕНИЯ

ОГРАНИЧЕНИЯ И КРИТИКА

Принцип Парето, несмотря на свой универсальный характер, не всегда верен для каждого сектора и каждого отдела. Мы уже видели пример ограничения с супермаркетами — сферой, где маловероятно, чтобы на 20% клиентов приходилось 80% продаж. Модель должна быть адаптирована к сектору и отделу рассматриваемого бизнеса. Можно выделить два критических замечания: во-первых, соотношение 80/20 не всегда соблюдается в реальности. Во-вторых, концентрация на 20% не всегда является лучшим решением.

Неточная модель

Первая критика этого принципа заключается в том, что он не является научно точным. Получить соотношение 80/20 для каждого отдела компании фактически невозможно. Однако первоначальная идея модели не противоречит. В теории Джозефа Джурана эффекты должны быть разделены на две группы. К первой группе относятся эффекты, которые незначительны по количеству, но имеют значительные последствия. Во вторую группу входят эффекты, которые многочисленны, но имеют ограниченные последствия. Если эти группы не соответствуют точно 20% и 80%, можно использовать соотношения 10/90 или 5/95, которые в некоторых ситуациях даже являются нормой.

Вторая критика касается относительной эффективности принципа Парето. Если 80% продукции компании продается не очень часто, они все равно могут представлять значительную маржу от продаж (скажем, 20%). Если затраты на хранение этих продуктов низкие, компания может позволить себе продолжать их продавать, даже если они привлекают меньше клиентов. В следующем пункте мы увидим, что принцип Парето связан с другим важным принципом, называемым теорией длинного хвоста.

СВЯЗАННЫЕ МОДЕЛИ И РАСШИРЕНИЯ

Модель ABC

Модель ABC является усовершенствованием принципа Парето. Новая модель утверждает, что при использовании принципа Парето промежуточные категории игнорируются и трудно судить об их важности. Классифицируя последствия по трем категориям (A, B и C), компания не пренебрегает последствиями, которые менее важны, чем первые 20%, и признает их важность с точки зрения последствий. Три класса можно разделить следующим образом:

- Класс A: 20% клиентов, на которых приходится 80% продаж;

- Класс B: 30% клиентов, на которых приходится 15% продаж;

- Класс C: 50% клиентов, на которых приходится 5% продаж.

Класс B является рискованным, поскольку вложение времени и денег в него может оказаться ценным, а может и не оказаться. Поскольку Парето пренебрегал этими факторами, модель ABC является более точной и учитывает промежуточные категории.

Теория длинного хвоста

Теория "длинного хвоста" связана с принципом Парето и дополняет его. Эта модель распределяет доход компании по всем ее продуктам, включая специфические товары, которые составляют важную часть оборота и характеризуются:

- низкие продажи определенных продуктов

- большое количество специальных продуктов (часто более 80% от общего количества продуктов).

Например, в случае с книготорговцем специфические товары относятся к изданным произведениям, которые продаются тиражом всего несколько экземпляров в год. Учитывая затраты и площадь, необходимую для хранения запасов, книготорговец не может предлагать только эти книги. Для достижения баланса он должен сосредоточиться на книгах, которые хорошо продаются, например, бестселлерах.

Связь с принципом Парето заключается в том, что здесь только меньшинство товаров составляет большую часть продаж. Традиционный бизнес должен сосредоточиться на этих товарах. Однако сайты электронной коммерции являются исключением.

ХОРОШО ЗНАТЬ

Электронная коммерция, также известная как онлайн-продажи, ограничивает расходы на хранение товаров, поскольку их не нужно выставлять в магазинах, а просто хранить на складе. Поэтому электронные торговцы могут предложить больший ассортимент товаров для продажи. Электронная коммерция также позволяет компании расширить зону охвата при меньших затратах.

Следуя принципу Парето, мы не должны концентрироваться только на самых важных 20%. Теория длинного хвоста в электронной коммерции позволяет рассмотреть оставшиеся 80%, поскольку дополнительные затраты минимальны, а доходность высока. Amazon является идеальным примером теории "длинного хвоста". Будучи сайтом электронной коммерции, компания может предложить впечатляющее количество изданий, которые раньше было трудно найти в магазинах. Хотя этот случай выигрывает от данных, доступных в Интернете, он все же является очевидным примером ограничений принципа Парето. Как видите, для некоторых компаний может быть полезно сосредоточиться на более чем 20% товаров, которые приносят наибольший объем продаж.

ПРАКТИЧЕСКОЕ ПРИМЕНЕНИЕ

В этой главе мы применим то, чему научились до сих пор. Мы начнем с построения диаграммы Парето, которая полезна для визуального определения наиболее важных 20%. Пример касается поставщика и его клиентов, и он намеренно упрощен, чтобы его было легче понять. Более подробный пример можно найти в конце этой главы.

ФОРМАТИРОВАНИЕ ТАБЛИЦЫ

Первым шагом является подготовка таблицы. Поскольку мы хотим найти наиболее важные 20%, рекомендуется отсортировать данные в порядке убывания, чтобы сразу выделить интересующие нас элементы.

В первом столбце напишите список факторов для наблюдения (например, список клиентов). Во втором столбце должны быть переменные, соответствующие этому (например, количество денег, потраченных отдельными клиентами).

Затем нам нужно рассчитать процент каждого объекта (в данном случае, каждого клиента) и кумулятивный процент. Этот процент нарисует линию кумулятивного процента на диаграмме Парето. Сложив все данные, мы получим порог 80%.

Хорошо знать

Выявить таких клиентов не всегда легко, поскольку в розничной торговле очень много людей. Тем не менее, компании могут разработать способы получения базы данных надежных клиентов; ярким примером является использование карт лояльности.

СОЗДАНИЕ ГРАФИКА

Теперь мы должны построить график (например, с помощью Excel). График обычно строится в паре с линейным графиком кривой значений, который представляет собой последний столбец таблицы. Такой подход необязателен: можно обсуждать результаты просто по таблице.

Хорошо знать

Для создания этого графика с помощью Excel рекомендуется использовать график с двумя вертикальными осями (главная ось слева и малая ось справа), чтобы показать два типа запрашиваемых данных. Если такой тип графика недоступен, вам необходимо:

Постройте гистограмму с исходными данными продаж (второй столбец), чтобы расположить их на главной оси в левой части графика.

Затем постройте график процентов, включив кумулятивные проценты в качестве новой серии на графике.

Измените тип графика только для этих данных (например, выберите график "линия с маркерами") и поместите их на вторичную ось (справа).

Отформатируйте макет и добавьте заголовки к осям и графику. Наконец, измените цвета и добавьте метки данных к осям, например, отображение кумулятивных процентов на графике.

ОПРЕДЕЛЕНИЕ НАИБОЛЕЕ ВАЖНЫХ 20%

На третьем этапе мы интерпретируем график (и/или таблицу), чтобы определить наиболее важные 20%. В случае с клиентами мы можем легко определить общий объем продаж, полученный от конкретного клиента. Результат не обязательно соответствует правилу 80/20, но важно знать факторы, влияющие на каждую из изучаемых областей.

Первые наблюдения

- Примерно 20% клиентов (A, B, C и D) генерируют 76% оборота (соотношение, близкое к 80/20 Парето).

- Большая часть внимания продавца должна быть направлена на удержание этих важных клиентов.

- Метод ABC не пренебрегает промежуточными факторами, которые в данном случае составляют почти 20% оборота.

ПРИНЯТИЕ МЕР

Курсы действий

Заключительный этап предполагает принятие мер на основе полученных результатов для повышения отдачи от корпоративных стратегий. Могут быть реализованы различные меры:

- исправление проблем на заводе;

- поощрение высокопроизводительных сотрудников;

- выявление перспектив;

- удержание клиентов и т.д.

Удержание клиентов может осуществляться с помощью рекламы, индивидуальных рекламных акций или других стратегий удержания. Например, компания может пригласить клиентов на торговую ярмарку.

Чтобы завершить этот пример, мы можем представить, что наш продавец "от двери до двери", который определил четырех клиентов и внедрил стратегию удержания, решил искать новые перспективы, чтобы увеличить свой оборот. Для достижения этой новой цели он может использовать особый инструмент под названием "RFM-сегментация".

👁 Сегментация RFM: повторяемость, частота и денежная ценность

RFM-сегментация – это тип описательной сегментации, основанный на прошлом поведении покупателей и используемый для понимания будущих перспектив. Она классифицирует профили покупателей на основе трех критериев:

Дата покупки. Чем более свежей она является, тем выше их рейтинг.

Частота покупок. Чем чаще покупатель совершает покупки, тем выше его рейтинг.

Количество покупок. Чем больше товаров покупает клиент, тем выше его рейтинг (это сразу переводит его в высшую категорию).

Рекомендации

- Нет смысла использовать принцип Парето, если вы не хотите действовать.

- Этот метод не является точным, поскольку в некоторых секторах не обязательно должно быть соотношение 80/20.

- Принцип Парето не может быть использован во всех секторах.

- Этот метод не учитывает промежуточные значения.

- Как мы уже видели на примере теории длинного хвоста в электронной коммерции, в некоторых случаях наименее частые значения могут быть полезны.

КОНКРЕТНЫЙ ПРИМЕР – ПРОИЗВОДСТВЕННАЯ ЛИНИЯ

Введение в проблему

В нашем вымышленном примере речь идет о промышленном предприятии и его производственной линии. В этой компании производственная линия испытывает периодические перебои в течение года. Вместе они составляют в общей сложности 1033 часа, то есть чуть больше месяца простоя. Чтобы компенсировать потерю рабочих часов, менеджер, заметивший, что динамика не поддается логике, определяет около десяти распространенных причин остановки линии. Затем он оценивает среднее время простоя (в часах) и приводит количество случаев по каждой причине. Используя принцип Парето, он надеется определить основные факторы, нарушающие работу производственной линии.

Форматирование таблицы и графика

- В первом столбце показаны проблемы, выявленные на заводе. Данные в скобках – это количество часов простоя, вызванного каждой проблемой.

- Во втором столбце указано количество вхождений. Всего их 230.

- В третьем столбце в порядке убывания показаны результаты умножения количества случаев на количество часов, вызванных каждой остановкой. Это дает общее количество часов простоя, вызванного каждой проблемой. Эти данные будут использованы для построения столбцов на диаграмме Парето.

- В четвертой колонке указан процент от общего количества потерянных рабочих часов, а в последней колонке – суммарный процент.

Определение важных факторов

Принцип Парето особенно хорошо работает в этом случае, потому что меньшинство факторов вызывает большинство проблем. В частности, почти 30% факторов вызывают 72% задержек на производственной линии. Обратите внимание, что есть еще два соотношения, близких к 80/20:

- если рассматривать две самые большие причины (20%), то процент задержек составляет 63%;

- при рассмотрении четырех самых больших проблем (40%), процент задержек составляет 80%.

Итак, **какое соотношение является наилучшим?** На этот вопрос трудно ответить. Однако очевидно, что среднее соотношение 30% факторов, вызывающих 72% задержек, наиболее близко к принципу Парето.

К сожалению, это не решает всех проблем:

- Во-первых, у нас остается много проблемных факторов, которые необходимо корректировать, но выбор в пользу первого соотношения (две основные проблемы) позволит нам сосредоточиться на меньшинстве причин, вызывающих максимальное количество последствий, что как раз и является целью принципа Парето;

- во-вторых, если руководитель завода хочет устранить как можно больше проблем, у него есть все основания сосредоточиться на третьем соотношении, исправляя 40% причин, которые вызывают 80% задержек на производственной линии.

ЗАКЛЮЧЕНИЕ

В нашем примере мы наблюдали производственную линию, на которой происходили значительные и повторяющиеся задержки. Этот пример, несмотря на его вымышленность, можно легко адаптировать ко всем областям деятельности компании (производство, оборудование, сотрудники, клиенты и т.д.). Определив наиболее важные проблемы, компания может найти решения, позволяющие минимизировать усилия и максимизировать результаты.

С помощью принципа Парето и модели ABC компании могут мыслить по-другому и сосредоточиться на самых важных проблемах, сохраняя контроль над основной деятельностью. Поскольку мы исходим из того, что "время — деньги", мы можем легко представить, что каждый предприниматель и каждый человек, работающий в компании, может оптимизировать существующие процессы, чтобы оставаться конкурентоспособным. То же самое относится и к отдельным людям, к которым применим принцип Парето.

РЕЗЮМЕ

- Принцип Парето – это универсальный инструмент, который показывает, что 20% причин приводят к 80% последствий. Выявив эти причины, организация может легко контролировать наиболее важные последствия.

- Существует множество применений этого принципа. Они касаются не только компаний, нацеленных на производительность или отношения с клиентами, но и многих областей повседневной жизни, например, ведения домашнего хозяйства.

- Конкретным применением принципа Парето является управление клиентами компании. В традиционном бизнесе 20% клиентов обычно обеспечивают 80% продаж. Выявив этих клиентов, компания может сосредоточиться на них для повышения прибыльности.

- Модель ABC связана с принципом Парето. Она усиливает его, принимая во внимание промежуточные категории, которые также порождают эффекты. Эти промежуточные категории менее важны, но все же заслуживают внимания.

- Теория "длинного хвоста" также является дополнительной концепцией к принципу Парето, в основном касающейся онлайн-продаж. Соотношение 80/20 проверяется, и компания, которая может снизить свои расходы, особенно с помощью Интернета, может позволить себе сосредоточиться не только на самых важных 20%, но и на всех своих товарах, даже на тех, которые продаются меньше.

- Наконец, закон Парето можно легко применить на практике с помощью таблиц и графиков. Они дают полное представление о проблеме и выявляют последствия. Затем компания, организация или просто домохозяйство, о котором идет речь, может сосредоточиться на принятии мер по повышению эффективности и прибыльности.

ДАЛЬНЕЙШЕЕ ЧТЕНИЕ

БИБЛИОГРАФИЯ

Андерсон, К. (2006) *Длинный хвост: почему будущее бизнеса – это продажа меньшего из большего*. Нью-Йорк: Hyperion.

BetterExplained. (2007) *Понимание принципа Парето (Правило 80/20)*. [Online]. [Accessed 22 May 2014]. Доступно по адресу: < http://betterexplained.com/articles/understanding-the-pareto-principle-the-8020-rule/>.

Коттер, Дж. Дж. (1995) *Решение 20%*. Хобокен: John Wiley & Sons.

Койн, С. (2012) Принцип Парето встречает длинный хвост. *Steven Pressfield Online.* [Online]. [Accessed 22 May 2014]. Доступно с: < http://www.stevenpressfield.com/2012/11/the-pareto-principle-meets-the-long-tail/>.

Dufour, L. (Без даты) Efficacité du dirigeant : qu'est-ce que la loi de Pareto? *Le Blog du Dirigeant.* [Online]. [Accessed 22 May 2014]. Available from: < http://leblogdudirigeant.com/efficacite-du-dirigeant-quest-ce-que-la-loi-de-pareto/>.

Джуран, Дж. М. (1951) *Руководство по контролю качества*. New-York: McGraw-Hill.

Кох, Р. (1998) *Принцип 80/20*. Лондон: Nicholas Brealey Publishing.

Le Site des Profs de Vente et de Commerce. (Без даты) *Les techniques et stratégies de prospection.* [Online]. [Accessed 22 May 2014]. Available from: < http://www.lescoursdevente.

fr/bacvente/Prospection/Des%20outils%20de%20
segmentation%20des%20clients-prospects,%20Pareto,%20
ABC,%20RFM.pdf>.

Монтанаро, Л. (2012) Сила принципа Парето (он же правило 80/20). *Lisa Montanaro.* [Online]. [Accessed 22 May 2014]. Available from: < http://www.lisamontanaro.com/2012/03/16/the-power-of-the-pareto-principle-aka-the-8020-rule/>.

Рех, Дж. Ф. (2016) Принцип Парето – Правило 80-20. *the balance.* [Online]. [Accessed 22 May 2014]. Доступно по адресу: < https://www.thebalance.com/pareto-s-principle-the-80-20-rule-2275148>.

Villemin, G. (Без даты) "Loi de Pareto", в Nombres – Curiosités, théories et usages. [Online]. [Accessed 22 May 2014]. Available from: < http://villemin.gerard.free.fr/aSocial/Pareto.htm>.

ДОПОЛНИТЕЛЬНЫЕ ИСТОЧНИКИ

Хейл, А. (Без даты) Проблема с принципом Парето. *Personal Development Training*. [Online]. [Accessed 22 May 2014]. Available from: < http://sidsavara.com/personal-productivity/the-problem-with-the-pareto-principle>.

Маршалл, П. (2013) *80/20 Продажи и маркетинг*. Ирвайн: Entrepreneur Press.

Мастер ISBN: 9782808601481
Бумажный ISBN: 9782808602938
Легальный депозит: D/2022/12603/294

Цифровое оформление: Primento,
цифровой партнер издателей.